RATUS POCHE

COLLECTION DIRIGÉE PAR JEANINE ET JEAN GUION

Les belles vacances
de Ratus

Les aventures du rat vert

● ● ● ● ● ● ● ● ● ● ● ● ● ● ● ●

© Hatier Paris 2011, ISSN 1259 4652, ISBN 978-2-218-95290-6

Les belles vacances de Ratus

Une histoire de Jeanine et Jean Guion
illustrée par Olivier Vogel

Ratus

Mina

Les personnages de l'histoire

Pour Tomi-Colin.

Ce matin, tout le monde
est de retour à l'école.

Jeannette demande à ses élèves :
– Qui veut parler de ses vacances ?

Mazo Dumouton lève le doigt :
– Je suis allé à la montagne
    et j'ai vu un bouquetin.   1

Ratus se lève d'un bond :
– Moi, à la montagne,
    j'ai vu un chameau !   2

Quel animal Ratus dit avoir vu
à la montagne ?

Tout le monde rit. Ratus confond   3
les chamois et les chameaux !   4
– Dis-nous comment il était,
demande gentiment la maîtresse.
Ratus invente, bien sûr :
– Il avait des cornes,
et il avait aussi des bosses
parce qu'il s'était cogné
contre la montagne !
Les élèves rient de plus belle.
Ratus raconte n'importe quoi !

Où sont allés les lapins ?

C'est au tour des lapins.
Ils disent qu'ils sont allés
au pays des carottes

et qu'ils se sont régalés.
Ratus se lève aussitôt :
– Moi aussi, j'y suis allé !
  J'ai même mangé
  une carotte au chocolat.
Les lapins rient comme des fous :
des carottes au chocolat,
on n'a jamais vu ça !

Qu'a fait Marou pendant ses vacances ?

C'est au tour de Marou.
Pendant ses vacances,
il a aidé son grand-père au jardin.
– On a planté des tomates, dit-il,
   on a semé des haricots
   et même des brocolis.   6
Ratus déclare illico :   7
– Les brocolis, c'est pas joli !
   Moi, j'ai planté des choux-fleurs
   au pied de mon cactus.
   Les fleurs, c'est plus joli
   que les brocolis !
Toute la classe applaudit.   8

Où est allée Mina pendant ses vacances ?

Jeannette fait taire Ratus
et donne la parole à Mina.

La petite chatte raconte
qu'elle est allée au zoo
et qu'elle a vu des loups.

Ratus s'écrie alors :
– Les loups en cage,
    ça ne compte pas !
    Moi, j'ai vu un vrai loup
    pendant mes vacances.
    J'étais avec Marou dans la forêt…
Les élèves ont peur.

Quelle histoire Ratus raconte-t-il ?

Ratus continue son histoire :

– Tout à coup, Marou a disparu
   et le loup a hurlé : « Hou-ou-ou !
   je vais dévorer Marou
   et le rat vert au dessert ! ».
   Moi, je n'avais pas peur,
   alors j'ai cherché Marou.
   Quand je l'ai retrouvé, il m'a dit
   qu'il avait assommé le loup   10
   à grands coups de bâton.
Dans la classe, Marou est très fier   11
d'avoir été plus fort que le loup.

D'après Mina, qui s'est sauvé dans la forêt ?

Mais Mina n'aime pas
qu'on raconte des mensonges.

– J'étais là, dit-elle. C'est Marou
   qui faisait « Hou-ou-ou ! »,
   pas le loup !
Elle regarde le menteur
et elle continue :
– Ratus a eu si peur
   qu'il s'est sauvé en courant !
   Il m'a laissée toute seule
   au fond de la forêt.
« Hou ! Hou ! Hou ! »
Les élèves se moquent de Ratus.

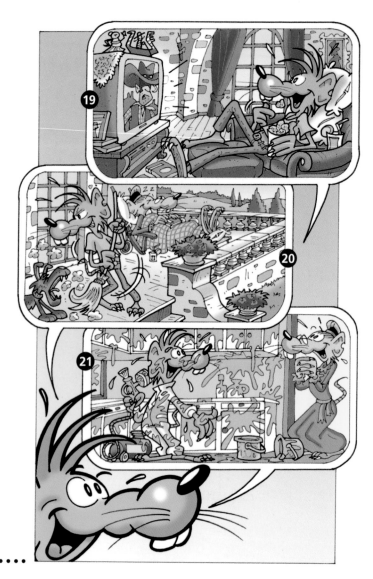

Que raconte Ratus ?

Le rat vert tire la langue
à Mina et ronchonne :

13

– Vous êtes tous des jaloux !
   C'est moi qui ai passé
   les plus belles vacances.
Et il ajoute avec un sourire :
– Je suis allé chez ma mamie.
   Elle me laissait regarder
   la télé toute la journée !
– Chez Mamie Ratus,
   c'est le paradis,

14

   disent les lapins avec envie.

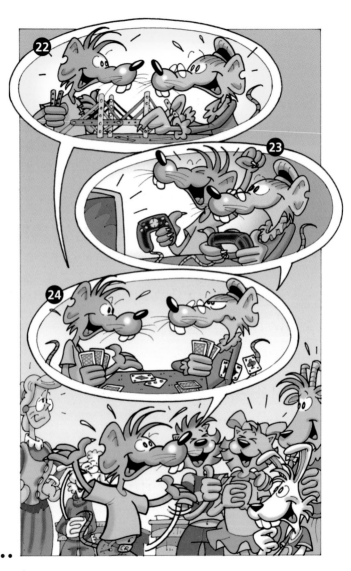

À quel jeu Ratus a-t-il joué avec sa mamie ?

– J'ai aussi joué aux cartes
avec ma mamie, mais elle triche !
Une fois, elle avait deux as.

Ce n'était pas possible,
parce que moi, j'en avais quatre !
Et comme je suis très fort,
c'est toujours moi qui gagnais.

Jeannette n'arrive pas
à faire taire Ratus.

– Un jour, dit-il, j'ai mangé
trois assiettes de frites,
et trois desserts pour finir !

– Un repas tout en frites,
quelles belles vacances ! dit Mazo.

*Quelle est la première leçon
de Mamie Ratus ?*

– Trois desserts, dit Mina,
   tu en as de la chance !
Les élèves veulent tous aller
chez la grand-mère du rat vert.
Pour rétablir la vérité, Jeannette
les emmène chez Mamie Ratus.
Dès qu'ils arrivent,
Mamie Ratus leur dit :
– D'abord, leçon de ménage !
   Prenez des balais et des chiffons.
– On ne regarde pas la télé ?
   demandent les lapins.
– On ne joue pas ? demande Mazo.

15

De qui parle la chanson de Ratus ?

– Et les desserts ? demande Mina.

– Non ! Ce sera poisson et légumes.

Après, leçon de vaisselle !

Le soir, dans le car du retour,

Ratus assure qu'il n'a pas menti :

– Les belles vacances, ma mamie

me les garde pour moi tout seul !

Mais personne ne le croit,

alors il se met à chanter

pour faire oublier son mensonge :

– Vive notre maîtresse, ohé ! ohé !

Et ses leçons aussi, oh oui ! oh oui !

Tous les élèves chantent

à leur tour, et Jeannette sourit…

1

un **bouquetin**
Chèvre sauvage
à longues cornes
vivant dans
les montagnes.

2

un **chameau**
Animal vivant dans
le désert.

3

il **confond**
Ratus se trompe
d'animal car les
deux noms se
ressemblent.

4

un **chamois**
Chèvre sauvage
à petites cornes
noires vivant dans
les montagnes.

5

le **pays** *(pé-i)*
L'endroit, le lieu.

6

un **brocoli**
Légume vert.

7

illico
Aussitôt, sans
attendre.

8
la classe **applaudit**
Les élèves frappent
dans leurs mains
car Ratus les fait
rire.

9
elle fait **taire** *(tèr')*
Jeannette dit
à Ratus d'arrêter
de parler.

10
assommé
Marou a tapé très
fort et le loup ne
bouge plus.

11
fier *(fiè.r')*
Marou est content
de lui.

12
un **mensonge**
Ce qu'on invente
pour ne pas dire
la vérité.

13
il **ronchonne**
Il grogne car il n'est
pas content.

14
le **paradis**
Un endroit de rêve,
où l'on est très
heureux.

15
rétablir la vérité
Faire savoir ce qui
s'est vraiment passé.

Les aventures du rat vert

Super-Mamie et la forêt interdite

Les histoires de toujours

Ralette, drôle de chipie

L'école de Mme Bégonia

La classe de 6ᵉ

Les imbattables

Baptiste et Clara

Francette top secrète

M. Loup et Compagnie

Conception graphique couverture : Pouty Design
Conception graphique intérieur : Jean Yves Grall • mise en page : Atelier JMH

Imprimé en France par Pollina, 84500 Luçon - n° L57601
Dépôt légal n°95290-6/01 - août 2011